BEI GRIN MACHT SICH IHR WISSEN BEZAHLT

- Wir veröffentlichen Ihre Hausarbeit, Bachelor- und Masterarbeit

- Ihr eigenes eBook und Buch - weltweit in allen wichtigen Shops

- Verdienen Sie an jedem Verkauf

Jetzt bei www.GRIN.com hochladen und kostenlos publizieren

Bibliografische Information der Deutschen Nationalbibliothek:

Die Deutsche Bibliothek verzeichnet diese Publikation in der Deutschen Nationalbibliografie; detaillierte bibliografische Daten sind im Internet über http://dnb.d-nb.de/ abrufbar.

Dieses Werk sowie alle darin enthaltenen einzelnen Beiträge und Abbildungen sind urheberrechtlich geschützt. Jede Verwertung, die nicht ausdrücklich vom Urheberrechtsschutz zugelassen ist, bedarf der vorherigen Zustimmung des Verlages. Das gilt insbesondere für Vervielfältigungen, Bearbeitungen, Übersetzungen, Mikroverfilmungen, Auswertungen durch Datenbanken und für die Einspeicherung und Verarbeitung in elektronische Systeme. Alle Rechte, auch die des auszugsweisen Nachdrucks, der fotomechanischen Wiedergabe (einschließlich Mikrokopie) sowie der Auswertung durch Datenbanken oder ähnliche Einrichtungen, vorbehalten.

Impressum:

Copyright © 2017 GRIN Verlag
Druck und Bindung: Books on Demand GmbH, Norderstedt Germany
ISBN: 9783668645721

Dieses Buch bei GRIN:

https://www.grin.com/document/388174

Reinhold Klein

Naturerfahrung mit einem an Demenz erkrankten Bewohner

GRIN Verlag

GRIN - Your knowledge has value

Der GRIN Verlag publiziert seit 1998 wissenschaftliche Arbeiten von Studenten, Hochschullehrern und anderen Akademikern als eBook und gedrucktes Buch. Die Verlagswebsite www.grin.com ist die ideale Plattform zur Veröffentlichung von Hausarbeiten, Abschlussarbeiten, wissenschaftlichen Aufsätzen, Dissertationen und Fachbüchern.

Besuchen Sie uns im Internet:

http://www.grin.com/

http://www.facebook.com/grincom

http://www.twitter.com/grin_com

**Diakonisches Institut
Stuttgart
Fachkraft für
Gerontopsychiatrie**

31.08.2017

Projektarbeit:
Natur-Erfahrung mit einem an Demenz erkrankten Bewohner

Inhalt

Einleitung 2

Vorstellung 3

1. Ziele 4
1.1. Zielperson 4
2. Projektplanung 4
2.1. Schnittstellen 5
2.2. Finanzierung 5
2.3. Material: 5
2.4. Personaleinsatz 5
2.5. Zeitliche Planung und Aufgaben 5
2.6. Durchführung des Projekts 5
3. Dokumentation 6
4. Reflexion 6
5. Schluss 7
5.1. Die Wald-Box 7
5.2. Der Ausflug 7
6. Anlagen 8
7. Literaturverzeichnis 8

Nur eine Stunde im grünen Wald
Nur eine Stunde von Menschen fern,
Nur eine einzige Stunde!
Statt der tönenden Worte des Waldes Schweigen,
Statt des wirbelnden Tanzes der Elfen Reigen,
Statt der leuchtenden Kerzen den Abendstern,
Nur eine Stunde von Menschen fern!

Nur eine Stunde im grünen Wald,
Nur eine einzige Stunde!
Auf dem schwellenden Rasen umhaucht von Düften,
Gekühlt von den reinen balsamischen Lüften,
Wo von ferne leise das Echo schallt,
Nur eine Stunde im grünen Wald!

Nur eine Stunde im grünen Wald,
Nur eine einzige Stunde!
Wo die Halme und Blumen sich flüsternd neigen,
Wo die Vögel sich wiegen auf schwankenden Zweigen,
Wo die Quelle rauscht aus dem Felsenspalt,
Nur eine Stunde im grünen Wald!
(Kurs 1815-1892)

Einleitung

Die Natur und damit der Wald, dienen uns Menschen als Quelle der Regeneration. Nach jüngsten Studien reichen bereits fünf Minuten um das Selbstvertrauen zu stärken, Energie zu tanken und Entspannung zu finden. Dabei spielt die Persönlichkeit eine große Rolle, welche Umgebung und Landschaftsform man bevorzugt. (Jiménez und Schiek 2016)

In meiner Freizeit halte ich mich oft in der Natur auf. Auch arbeite ich gerne handwerklich mit Naturmaterialien. Daher lag es mir nahe, dass ich ein entsprechendes Thema wähle.

Ich stellte mir die Frage: Wenn der immobile Mensch, nicht mehr in die Natur kann, wie kann ich ein Stück Natur zu ihm bringen?

Die Wahl des Bewohners traf ich spontan. Ich beobachtete, dass Herr W. an manchen Tagen unruhig ist. Er ruft nach seiner Frau oder seinen Kindern. Auf verbale Ansprache reagiert er dann nur bedingt. Ich sprach mit der Tochter um mehr über ihn und seine Bedürfnisse zu erfahren.

Sie erzählte mir, dass der Vater, der beruflich Bankkaufmann und Landwirt war, früher viel draußen im Wald war. Da er seit einem Sturz im Frühjahr in einem Multifunktionsrollstuhl sitzt, sind Ausflüge in den Wald nur begrenzt möglich.

Zugleich erzählte sie mir, dass solange es noch möglich sei, sie mit der ganzen Familie einen Ausflug in den Wald unternehmen möchten und dort den Nachmittag verbringen.

In der Hauptsache besteht das Projekt aus dem Sammeln von Naturmaterialien und dem bestücken einer „Wald-Box". Den Ausflug in den Wald betrachte ich als kleinen Bonus. Welchen ich vollständigkeitshalber am Schluss erwähnen möchte.

Vorstellung

Das Fürst-Ludwig-Haus ist eine von mehr als 80 Einrichtungen der Evangelischen Heimstiftung in Kirchberg an der Jagst. Das Haus liegt in unmittelbarer Nachbarschaft des 1240 erbauten Schloss und fand bereits kurz nach dem zweiten Weltkrieg die erste Nutzung als Alten- und Flüchtlingsheim.

Das Haus hat drei Wohnbereiche mit insgesamt 57 Betten.

Im ersten Stock befindet sich der Beschützte Wohnbereich für gerontopsychiatrisch veränderte Menschen, auf welchem ich seit Mai 2016 arbeite und seit Januar 2017 als Wohnbereichsleitung tätig bin.

Ich habe 2002 meine Ausbildung zum examinierten Altenpfleger abgeschlossen. 2012 folgte eine zweijährige Weiterbildung zum Praxisanleiter und Wohnbereichsleiter.

Auf unserem Wohnbereich leben zwei Katzen, welche sich frei im Haus und auch draußen bewegen können.

Wir sind eine anerkannte Gerontopsychiatrische Station, so bekommen wir regelmäßig Auszubildende aus der Region, welche ihr Außenpraktikum bei uns machen.

1. Ziele

Eigenes Ziel: Gewinn der Erkenntnis, welche Naturmaterialien der Bewohner als angenehm oder interessant empfindet und gerne in der Hand hält, daran riecht oder sich damit beschäftigt. Zugang zur Person bekommen.

Ziele für den Bewohner:

- Anregung der sinnlichen Wahrnehmung
- Förderung der Identität
- Hervorrufen von Emotionen
- Fördern der taktilen Fähigkeiten
- Fördern und Erhalten der Mitteilungsfähigkeit

1.1. Zielperson

Herr W., hat Landwirtschaft studiert und später eine Ausbildung als Bankkaufmann abgeschlossen. Er berichtet mir, dass er beide Berufe gern ausgeübt hat, den ersten zur Freude am Selbstversorgen und den zweiten aus Freude am Geldverdienen. Er bewirtschaftete einen Bauernhof, zu dem auch ein Stück Wald gehörte. Hier hielt er sich gerne auf und wanderte viel. Seit früher Jugend ist er schwerhörig und auf Hörhilfen angewiesen.

Stolz berichtete er mir, dass er nach dem Krieg als einer der ersten Austauschschüler nach Amerika durfte.

Nach einem Sturz Zuhause mit Oberschenkelhalsfraktur, zog Herr W. im Juni 2017 auf unserer Station ein. Seine ebenfalls pflegebedürftige Frau, besucht ihn mehrmals die Woche für mehrere Stunden. Sie sitzt ebenfalls im Rollstuhl.

Aufgrund seiner fortgeschrittenen Demenz und Immobilität kann er nicht mehr selbständig an Aktivitäten außerhalb der Einrichtung teilhaben. Gruppenaktivitäten überfordern ihn, dies äußert sich durch zunehmende Unruhe.

2. Projektplanung

Bei der Durchführung der Wald-Box ging ich spontan vor.

2.1. Schnittstellen

- Pflege und Betreuungsteam werden über den Ausflug und das Projekt der Wald-Box informiert.

2.2. Finanzierung

Die Kosten für die Wald-Box beliefen sich auf meine Arbeitszeit. Das Material fand ich im Wald.

2.3. Material:

- Ein Versandkarton befand sich in der Einrichtung
- Materialien wie Moos, Tannenzapfen, Steine und anderes aus der Natur sammelte ich auf Spaziergängen in der näheren Umgebung der Einrichtung sowie auf Spaziergängen im Wald in meiner Freizeit.

2.4. Personaleinsatz

- Der Personaleisatz belief sich hauptsächlich auf meine Person.

2.5. Zeitliche Planung und Aufgaben

Im Vorfeld informierte ich die PDL und meine Kollegen über das Projekt. Die zeitliche Planung gestaltete ich flexibel während meiner Dienstzeit. Wenn das Wetter gut war und im Dienstablauf Zeit übrig war, informierte ich die Fachkraft vom anderen Wohnbereich, bat um Rufbereitschaft und ging mit Hr. W für 30 Minuten spazieren. Bei zwei Spaziergängen sammelten wir Material für die Wald-Box. Den Rest sammelte ich auf Wanderungen die ich an freien Tagen unternahm.

2.6. Durchführung des Projekts

An einem Nachmittag bestückten wir die Wald-Box. Als Grund legten wir Moos aus, welches auf den Mauern wächst, die das Schloss umgeben. Darauf wurden die Tannenzapfen, den Kopf einer verblühten Distel, eine Feder, ein Flintstein, Haseln vom Haselstrauch und vom Haselbaum drapiert. Da wir noch Moos übrig hatten, formte ich aus Zeitungspapier eine Kugel und befestigte das Moos mit einem Zwirn.

Wann immer es mir in meinen Diensten möglich war gab ich Herr W. einen Gegenstand aus der Box. Auch andere Bewohner im Essraum und bettlägerige Bewohner ließ ich einen Gegenstand aussuchen. Am meisten Anklang fand der Stein. Dieser wurde ausgiebig untersucht, versucht zu biegen und mit beiden Händen umschlossen. An der Mooskugel wurde geschnuppert und sie wurde gestreichelt.

Die anderen Gegenstände wie die Tannenzapfen und der Kopf der Distel fanden wenig Anklang.

3. Dokumentation

Nach jeder Kurzaktivierung dokumentierte ich beim beteiligten Bewohner:

- Hr. W. war heute mit mir spazieren. Wir sammelten Material für eine Wald-Box. Er wirkte zufrieden schaute sich die Landschaft an.

- Hr. W. war mit mir spazieren. Wir sammelten wieder Material für eine Wald-Box. Nach kurzer Zeit ist er eingeschlafen.

- Ich gab Fr. H einen Stein aus der Wald-Box in die Hand, sie untersuchte ihn ausgiebig, dabei wurde ihr Blick wach und interessiert.

- Ich legte Fr. M. einen Tannenzapfen auf die Handfläche, sie schüttelte den Kopf, auch bei den anderen Gegenständen: einem Stein, einer Feder oder Haseln schüttelte sie den Kopf und legte sie auf den Tisch.

- Fr. S. schaute interessiert zu der Wald-Box. Sie berichtete von ihrem Garten, dass darin Tannen standen. Die Tannenzapfen hat sie gesammelt und im Winter in den Kamin gegeben, das hat dann schön gerochen.

4. Reflexion

Rückblickend stelle ich fest, dass meine Idee den immobilen und an Demenz erkrankten Bewohnern etwas Natur zu bringen gut war. Sie fand bei vielen Bewohnern großen Anklang. Nur wenige Bewohner lehnten die Naturmaterialien ab oder konnten damit nichts anfangen. Am meisten erstaunte mich, dass der Stein sich großer Beliebtheit erfreute, besonders dann, wenn er noch kühl war.

Anzumerken ist, da es sich um Naturmaterialien handelt, diese auch Schmutz verursachen. Dies konnte ich im Bewohnerbett oder im Rollstuhl umgehen, indem ich ein Handtuch unterlegte, auf dem ich dann einen oder mehrere Gegenstände niederlegte.

Einmal habe ich die Kiste auf dem Tisch vergessen, da bediente sich Hr. W. und griff sich einen Tannenzapfen. Er versuchte darauf herum zu kauen. Wir boten ihm eine Banane an. Zum Tausch gab er uns den Zapfen.

5. Schluss

5.1. Die Wald-Box

Zukünftig sammle ich noch weitere Materialien aus der Natur. Der kommende Herbst, bietet sich mit Kastanien, Bucheckern, Walnüssen und weiteren Baumfrüchten an. Baumrinde und eine Tastschnur aus kleinen Ästen fehlen noch in der Box.

Unter Mithilfe durch die Mitarbeiter der Betreuung und externe Schüler möchte ich weitere thematische „Gruschtel-Boxen" anlegen.

Das Anlegen der Wald-Box fiel mir leicht, da ich gerne in der Natur unterwegs bin und die Materialien sammeln konnte die der Wald für mich bereithielt.

Die Ausarbeitung der Projektarbeit hingegen, habe ich lange vor mir her geschoben, da ich mich anfänglich, anders als gedacht, mit der Gliederung schwer tat. Letztendlich nach ein paar Tagen intensiver Befassung und der Erfahrung von zurückliegenden Ausarbeitungen, konnte ich diese nun abschließen.

5.2. Der Ausflug

Für die Planung des Ausflugs war es wichtig, die jeweiligen Schnittstellen, welche an der Umsetzung beteiligt sind, zu informieren und einen Termin zu finden. Hierbei besteht die Schwierigkeit beim geeigneten Zeitpunkt, so dass auch das Wetter passt und jeder Teilnehmer Zeit hat.

Nach Absprache mit der Hausdirektion, vereinbarten die Angehörigen einen Termin für den Ausflug. Im Vorfeld, wurde der Fahrer unter den Angehörigen vom Hausmeister in das Fahrzeug und die Sicherheitsvorschriften eingewiesen. Die Fahrtkosten für das Fahrzeug haben die Angehörigen von HR. W getragen

Den Ausflug konnten die Angehörigen von Herr W. somit selbständig durchführen.

Herr W. kommentierte den Ausflug gegen Ende hin mit den Worten: „Das war ja ein schönes Fest, jetzt wird es aber Zeit, dass wir wieder heim gehen."

Da der Ausflug so gut verlief, bieten wir künftig auf Anfrage weiteren Angehörigen, das Fahrzeug an. Hier besteht auch die Möglichkeit, dass ein Mitarbeiter der Haustechnik das Fahrzeug führt und den Ausflug begleitet.

> *„Wer sich an der Natur und nicht an der leeren Meinung orientiert, besitzt stets genug [...]"* (Porphyrios 233-305)

6. Anlagen
- Bild der Wald-Box

7. Literaturverzeichnis

Jiménez, Fanny, und Helen Schiek. *welt.de*. 19. April 2016.
https://www.welt.de/gesundheit/article154517284/Nur-fuenf-Minuten-im-Wald-staerken-Ihr-Selbstbewusstsein.html (Zugriff am 26. August 2017).

Kurs, Auguste. *http://www.deanita.de/waldgedichte.htm*. 1815-1892.
http://www.deanita.de/waldgedichte.htm (Zugriff am 26. August 2017).

Porphyrios. *Epicur - Von der Lust zu leben*. Übersetzung: Mathias Hackemann. Köln 2014: Anaconda Verlag, 233-305.

BEI GRIN MACHT SICH IHR WISSEN BEZAHLT

- Wir veröffentlichen Ihre Hausarbeit, Bachelor- und Masterarbeit

- Ihr eigenes eBook und Buch - weltweit in allen wichtigen Shops

- Verdienen Sie an jedem Verkauf

Jetzt bei www.GRIN.com hochladen und kostenlos publizieren